AF316932

LES PROPHÈTES D'ISRAËL : SUR L'HISTOIRE DU PEUPLE JUIF

JAMES DARMESTETER

TABLE DES MATIÈRES

SUR L'HISTOIRE DU PEUPLE JUIF

Le moment est encore loin où l'on pourra tenter une histoire d'ensemble du peuple juif, suivi dans toute la durée de son développement, c'est-à-dire depuis ses origines jusqu'à nos jours, et dans toute l'étendue de ce développement, c'est-à-dire, dans sa religion, sa philosophie, sa langue, sa littérature, et dans l'aventure de ses destinées matérielles.

Dans ce renouvellement de la science historique qui sera une des gloires sûres de notre siècle, l'histoire du peuple juif occupera de jour en jour une place plus large, à mesure que les découvertes partielles en se coordonnant laisseront mieux paraître dans ses grandes lignes le développement de l'humanité aryo-sémitique. Ce qui en effet, au regard de l'historien, fait l'intérêt propre de la nation juive, c'est que, seule entre toutes, il la retrouve à toutes les heures de l'histoire, et qu'en suivant le cours de ses destinées, il se voit transporté tour à tour au milieu de presque toutes les grandes civilisations et de presque toutes les grandes idées religieuses qui ont marqué jusqu'ici dans le monde civilisé, dès l'aube de l'histoire. Il voit tour à tour défiler sur le chemin d'Israel les tribus nomades et polythéistes des Sémites primitifs, l'Égypte et son sacerdoce, la Syrie et ses dieux, Ninive et Babylone, Cyrus et les Mages, la Grèce et Alexandre, Alexandrie et ses écoles, Rome et ses légions, Jésus et l'Évangile ; puis, quand l'unité nationale se brise et que la dispersion jette les Juifs aux quatre vents du monde, l'historien qui les suit en Arabie, en Égypte, en Afrique et dans tous les pays de l'Europe occidentale, voit encore passer sous ses yeux Mahomet et l'Islam, l'Aristote des Scolastiques et leur philosophie, toute la science du moyen-âge et tout son commerce, les Humanistes et la Renaissance, la Réforme et la Révolution. L'histoire du peuple juif comprend donc et suppose celle de tout le monde méditerranéen, de son premier jour au dernier, et il ne s'agit là que rarement et par accidents de l'histoire politique et matérielle, mais des idées, des religions, des faits sociaux, bref des forces vives de l'humanité. L'histoire de tous les autres peuples, même de ceux qui ont exercé l'action la plus longue et la plus lointaine, ne s'étend qu'à une époque et à un lieu : chacun d'eux paraît et disparaît ; sa destinée n'a eu qu'un temps et il n'a assisté qu'à sa seule histoire ; le peuple juif a duré, et il a assisté à la destinée de toutes les grandes choses qui ont eu leur heure : c'est un témoin perpétuel et universel, et non pas un témoin inactif et muet, mais intimement mêlé comme acteur à presque tous ces drames par l'action et par la souffrance. A deux moments, il a renouvelé le monde : le monde européen par Jésus, le monde oriental par l'Islam, sans parler des actions plus lentes et plus cachées, mais non moins puissantes peut-être ni moins durables, qu'il a exercées au moyen-âge sur la formation de la pensée moderne.

Cette grande histoire ne pouvait se tenter ni s'entrevoir avant ce siècle. Il fallait pour cela deux conditions qui ne commencent guère à se réaliser que de nos jours, l'une d'ordre moral, l'autre matériel. D'une part, comme cette histoire est avant tout religieuse, et, par suite, dans l'état présent des esprits, est un perpétuel appel à la plus irritable de toutes les passions, il fallait que la liberté de penser fût entrée, non seulement dans la loi, non seulement dans les mœurs, mais, chose plus difficile, dans l'intelligence même du savant ; il fallait que la recherche cessât d'être corrompue par l'esprit de secte ou de philosophisme, que l'histoire de la religion cessât d'être un champ de bataille. Certes ceux qui s'occupent de ces études ne sont pas encore tous arrivés à ce degré d'impartialité sereine, où le savant étudie les choses pour comprendre ce qu'elles ont été, et porte assez haut l'orgueil de la pensée pour ne pas se laisser dicter d'avance ses conclusions par les préoccupations passagères du politique, du croyant ou du métaphysicien. Mais quelques-uns se sont élevés jusque-là, et cela suffit pour que la science soit.

D'autre part, il fallait qu'une succession de découvertes inouïes et inattendues vînt combler les profondes lacunes de l'histoire juive et éclairer ses obscurités sans nombre. Des trois grandes périodes de cette histoire, — l'une allant des origines au retour de l'exil, la seconde du retour de l'exil à la dispersion, la dernière de la dispersion à la Révolution française, — chacune n'était représentée que par des documents incomplets ou inaccessibles. Pour la première, on n'avait qu'un livre, la Bible, œuvre des âges, faite de fragments, de feuillets détachés, où souvent une ligne, un mot est tout le débris d'un siècle. Pour la seconde, rien que ce chaos Talmudique, que les Juifs seuls pouvaient sonder, mais où ils ne songeaient à chercher que des sujets d'édification ou de casuistique, et non des enseignements d'histoire. Pour la troisième enfin, l'immense amas des œuvres du moyen-âge, en grande partie oubliées des Juifs mêmes et ensevelies dans la poussière des bibliothèques. La face des choses a changé, par un double mouvement, l'un du dedans, l'autre du dehors ; du dedans, par l'emploi de la méthode historique appliquée par les savants juifs à l'étude directe des sources juives ; du dehors, par la découverte ou par l'emploi de sources non juives qui sont venues éclairer et compléter les premières.

C'est ainsi que toute une série de sciences nouvelles, nées d'hier, assyriologie, égyptologie, épigraphie phénicienne, viennent se mettre au service de l'interprétation biblique qui les paie de retour[1]. Babylone et Ninive sortent de terre avec leurs grandes pages d'histoire gravées par les Salmanazar, les Sennachérib, les Nabuchodnozor, et viennent déposer leur témoignage en face du Livre des Rois et des Prophètes[2]. L'Égypte soulève le voile de ses hiéroglyphes et une nouvelle colonne de feu vient éclairer l'exode des Hébreux[3], le sol punique nous envoie un commentaire du Lévitique, contresigné des Suffètes de Carthage[4]. Le Panthéon phénicien et syrien se relève sur des fragments de pierres gravées et nous rend toutes ces Astartés et tous ces Baals qui luttèrent contre l'Elohim[5] ; le sol épuisé de la Judée nous livre un hymne de triomphe de Moab, écrit aux jours d'Elisée, et que le prophète a pu lire de ses yeux[6] ; c'est le cri même des combattants bibliques qui remonte jusqu'à nous du fond de vingt-sept siècles, le bruit même des « Guerres de l'Éternel ».

Arrivé à la seconde période, quand l'on s'est mis à débrouiller le chaos de la littérature talmudique[7], Mischna, Gemara avec leurs innombrables annexes, il s'est trouvé que cette immense compilation, faite sans ordre et sans l'ombre d'une pensée historique, offre à l'histoire une mine inépuisable, et permet de suivre le développement de l'esprit juif, et jusqu'à un certain point de l'esprit oriental, sur une étendue de plus de six siècles, précisément durant l'époque qui a vu naître le christianisme, c'est-à-dire à un des moments décisifs de la civilisation, à un des tournants de l'histoire. A la même époque, tous les travaux que la science, laïque ou théologique, catholique ou protestante, accumulait autour des origines du christianisme, ramenaient la question chrétienne à une question juive, et imposaient cette double conclusion qu'on ne peut comprendre la formation du christianisme sans connaître avant tout le judaïsme du premier siècle, ni connaître le judaïsme dans toute son étendue sans cette branche qui s'appelle le christianisme primitif[8]. Tout ce que la science a gagné dans l'histoire des origines du christianisme s'est trouvé autant de gagné pour celle du judaïsme, et ainsi à côté de la littérature talmudique est venue se ranger cette vaste littérature apocryphique, journellement enrichie par de nouvelles découvertes, et dont le caractère est si flottant que souvent l'on se demande si l'on a affaire à l'œuvre d'un juif ou d'un chrétien[9].

Dans la troisième période, celle de la dispersion, la recherche se subdivise à l'infini avec la destinée du peuple juif. Dans chaque branche de cette histoire, le même fait se représente de l'agrandissement de la recherche par la rencontre inattendue de deux mondes. Ici tout était à créer. D'une part, il fallait retrouver et étudier toutes les œuvres si diverses écloses sur tous les points de l'horizon juif durant tout le moyen-âge[10]. D'autre part, il fallait que l'étude particulière des divers peuples musulmans ou chrétiens, chez qui le hasard avait jeté les Juifs, fût faite ou commencée : d'un côté et de l'autre, l'œuvre commence à peine. Or ici encore les deux mondes se rejoignent de jour en jour, et à mesure que l'on en pénètre l'histoire intime, on reconnaît de plus en plus l'impossibilité de les séparer et de les comprendre l'un sans l'autre : ici encore l'historien du peuple juif est forcé de se faire l'historien des Arabes ou de l'Europe, et l'historien des Arabes ou de l'Europe rencontre à presque tous les grands changements de la pensée une action juive, soit éclatante et visible, soit sourde et latente.

Ainsi l'histoire juive longe l'histoire universelle sur toute son étendue, et la pénètre par mille trames. Elle ouvre par là à la recherche un champ d'une variété infinie et d'une unité parfaite, et elle offre à la psychologie historique un intérêt que nulle autre histoire n'offre au même degré : car elle présente la série la plus longue d'expériences qui ait encore été enregistrée, exercées dans les milieux les plus différents, sur une seule et même force humaine, connue et constante. Disons rapidement quelques-uns des problèmes les plus importants que cette histoire soulève.

---

1. L'hébreu a été longtemps, et est encore quelquefois, la clef des inscriptions phéniciennes et assyriennes.
2. Rawlinson, Oppert, Halévy, Schrader, Lenormant, Smith, etc.
3. Brugsch, Chabas, Lepsius, Mariette, Maspéro, etc.
4. Munk.
5. Movers, E. Renan, Vogüé, Clermont-Ganneau, Berger, etc.

6. Stèle de Mescha (au Louvre, salle Judaïque).

7. Rappaport, Geiger, Derenbourg, Frankel, Jost, Graetz, Fürst, Zunz, etc.

8. Voir le Manuel de Schürer.

9. Oracles Sibyllins, le 4e livre d'Ezdras, Assomption de Moïse, Psautier de Salomon, livre d'Enoch, etc.

10. Zunz.

II

À l'origine, une tribu nomade, de race sémitique ; — après de longues migrations à travers les plaines de la Mésopotamie, de la Syrie et de l'Égypte, cette tribu établit sa demeure au milieu des peuples de Canaan, dans le voisinage des Phéniciens. L'histoire matérielle des Hébreux durant cette période est obscure ; leur histoire religieuse plus encore ; car le mouvement de leurs migrations peut se suivre dans les légendes qu'ils en ont gardées, tandis qu'il n'est point resté de trace distincte de l'itinéraire de leur pensée. La seule chose certaine et reconnue, c'est qu'ils sont primitivement idolâtres et polythéistes ; ils le sont comme tous les peuples de la race dont ils sortent, sans qu'il soit possible cependant de déterminer les traits propres de leur mythologie, et en quoi elle se rapproche et diffère, aux diverses époques de cette première période, de la mythologie de leurs frères sémites. Quels étaient leurs croyances et leur culte avant de passer en Égypte ? Qu'en ont-ils laissé en Égypte et qu'y ont-ils pris ? Qu'ont-ils enfin emprunté en Canaan aux dieux des peuples voisins avec lesquels ils se sont trouvés en rapports d'amitié ou de haine ? Toutes questions auxquelles la Bible ne répondra clairement, si jamais, que quand l'Égypte aura dit son dernier mot, quand l'histoire comparée des religions sémitiques sera définitivement constituée sur des données chronologiques, et que des générations d'épigraphistes auront fait parler tout ce peuple de témoins enfouis encore à l'heure présente à Carthage, à Ninive, à Hamath, à Saba, et sur toute l'étendue de la vieille terre sémitique.

Une fois établis en Palestine et constitués en nation, une révolution se fait lentement à l'intérieur de l'idolâtrie primitive, transformation religieuse parallèle à la transformation politique. Les Hébreux, à mesure qu'ils s'organisent en nation, s'assurent un dieu national, font contrat avec lui, l'opposent aux dieux nationaux des peuples voisins. Ce dieu national, cet Elohim, ne diffère pas encore essentiellement de ses voisins, ni par les attributs qu'on lui prête, ni par le culte qu'on lui rend : il n'est pas encore la négation des autres dieux, ce n'est pas encore le dieu du monde, c'est le dieu d'Israel. Quand a commencé cette révolution ? Est-ce dès l'instant où Israel a pris conscience de son existence personnelle, c'est-à-dire dès la sortie d'Égypte, ou quand il a eu constitué son existence nationale, c'est-à-dire avec la royauté ? Et le nom de Moïse, que les souvenirs historiques d'Israel attachent à la sortie d'Égypte et à la première organisation de la nation, doit-il se lier aussi au premier mouvement de la transformation religieuse, ou n'est-ce que plus tard que l'instinct profond de la légende, l'évolution religieuse une fois achevée, la rattacha en arrière à la première heure de cette évolution politique, qui avait donné le premier branle à la pensée d'Israel ? Quoi qu'il en soit, cette évolution religieuse fut lente et dura des siècles : toute l'histoire de la royauté n'est qu'une lutte continue, souvent sanglante, entre le dieu national et les dieux étrangers, qui ne sont longtemps[1] que les prête-noms du parti national et du parti étranger. Cette lutte, à laquelle se rattachent les grands noms de l'ancien prophétisme[2], se termine par la victoire du dieu hébreu, vers la chute de la royauté : le dieu national triomphe au moment où la nation qu'il devait faire périt. Mais au même instant et du même coup, aux approches de la catastrophe, ce dieu lui-même subit une altération profonde. Ce n'est plus un dieu national à la façon des autres, conçu et adoré comme pourrait l'être Camosch ou Milcom : si ce n'est qu'un dieu national, un Camosch d'Israel, un Milcom de Juda, Israel a été trahi et le roi de Babel, en poussant ses chars de guerre contre Jérusalem, pourra s'écrier lui aussi, mais sans craindre de retour comme autrefois l'Assyrien : « Ne te laisse pas abuser aux promesses de ton Dieu ! Où sont les rois d'Arpad, de Hamath, de Separvaïm ? Quel est le peuple que son Dieu a jamais sauvé de mes mains ? » Le dieu d'Israel, grandi par la défaite de son peuple, en devient le dieu universel, le dieu unique, le dieu d'Isaïe et des prophètes, le dieu du décalogue, Jehovah, celui qui est. C'est toujours bien le dieu d'Israel, puisqu'il s'est révélé à Israel seul, qu'Israel seul a su le deviner ; mais c'est le Dieu sans second ; ce n'est plus le dieu jaloux du premier mosaïsme et des Elohistes, qui a faim de victimes et d'offrandes et punit les fautes des pères jusqu'à la quatrième génération : c'est le dieu de justice et d'amour, qui veut des cœurs purs et non des mains pleines, qui a horreur des sacrifices et de la grimace du culte[3] et qui ne veut plus qu'on dise : « Les pères ont mangé les raisins aigres et les fils en ont eu les dents agacées[4]. » Et puisque le peuple qui l'a cherché

et qui l'a trouvé est opprimé et saignant, c'est sans
doute qu'il lui est réservé dans le lointain une éclatante et magnifique réparation : c'est des mains de
Juda que les peuples mêmes qui l'ont écrasé vien-
dront donc un jour prendre la vérité, et la félicité et la
justice régneront sur le monde entier au nom du Dieu
d'Israel. C'est ainsi qu'aux environs de l'exil, à la
voix d'Isaïe, de Jérémie, d'Ezéchiel et du chœur des
prophètes, commence la mission historique d'Israel :
son grand dogme est trouvé et sa grande espérance :
car le Dieu Un est fait et le Messianisme va naître.

Pendant l'exil et au retour, cet élément nouveau et
universel se fond avec l'élément ancien et national, le
Jéhovisme avec l'Elohisme, et la religion d'Israel
prend sa forme définitive, le Judaïsme. De l'ancien
élément national restent les rites, les cérémonies, les
observances spéciales, legs bizarre de la vieille idolâtrie sémitique, qui a pris un sens nouveau avec la
transformation religieuse, et qui, devenu d'abord le
signe d'alliance de l'Hébreu avec son Dieu, devient à
la fin le signe de ralliement du Juif avec le Juif, le lieu
d'unité dans la ruine de la nationalité ; c'est l'élément
qui l'isole, le fait durer. L'élément nouveau et universel, l'élément jéhoviste, lui donne les deux idées avec
lesquelles il va renouveler le monde. Ainsi se forme
une religion, la plus étroite et la plus large de toutes,

toute d'isolement par le culte, toute d'expansion par l'idée, et agissant d'autant plus puissamment par l'une qu'elle se maintient plus énergiquement par l'autre, condition excellente pour durer et pour agir, et convertir le monde à ses principes sans se laisser entamer par les concessions opportunistes de la propagande.

De ce jour, le peuple juif a, seul entre tous les peuples qui l'entourent, pour le guider dans le monde, une philosophie de l'histoire : il y a pour lui, dans le drame de l'univers, un plan rationnel, qui se développe suivant une loi et qui se dénouera pour le bien de tous. Ainsi, à travers les dominations successives de Babylone, de la Perse, de la Grèce, de l'Égypte, de Rome, dont le flot passe et se presse sur Israel sans l'engloutir, une nationalité religieuse se constitue, qui survivra à la résurrection éphémère de la nationalité politique sous les Maccabées. Or, en ce temps-là, le monde ancien, las de ses dieux usés et de ses systèmes impuissants, en quête d'une morale plus haute que ses prêtres ne peuvent lui donner, et d'espérances plus larges que ses philosophes n'osent lui offrir, est ouvert à la première parole, d'où qu'elle vienne, de foi et d'espérance, qui pourra remplir le vide douloureux de sa conscience. Les dernières convulsions de la Judée, en travail de son Messie et des temps prédits par les prophètes, vont donner au monde le branle qu'il attend. Parmi les Messies d'un jour, qui passent et disparaissent sans lendemain sur la scène prophétique, il s'en trouva un qui laissa une impression si profonde sur quelques-uns des Juifs qui l'avaient connu de près, que ceux-là, au lieu de continuer à dire comme leurs frères : « Le Messie va venir », se prirent à dire : « Le Messie est venu », et quand il fut mort : « Le Messie est venu ; on l'a tué, il va revenir juger les morts et les vivants. » Cette croyance et cette attente eurent peu de prise sur la masse des Juifs, tout au rêve de la patrie terrestre, et qui savaient trop nettement ce qu'ils désiraient et ce qu'ils attendaient pour prendre ainsi le change de l'espérance : mais elles eurent une prise merveilleuse sur les masses étrangères, à qui elles apportaient une si bonne nouvelle, que le mal allait finir, qu'un être merveilleux de justice et de douceur allait faire régner la paix et le bonheur, et qui s'entendaient, pour la première fois, prêcher cette morale de Hillel et des Haggadistes, à laquelle n'avaient jamais songé certes les prêtres de Jupiter et que n'étaient point venus leur porter dans leurs bouges les pédants des Écoles ni les orgueilleux du Portique. Avec le temps, à mesure que la réalité forçait les Chrétiens de reculer dans les lointains de l'avenir le plus beau de leur espérance, la figure et le rôle de Jésus devaient se transformer et l'abîme se creuser entre lui et Israel. Tandis que les chrétiens-juifs interrogeant la Bible pour justifier leur foi, après avoir expliqué la Bible par Jésus, finissaient par expliquer Jésus par la Bible et le transfiguraient en un type idéal à coups d'interprétations symboliques ; d'autre part, les chrétiens gentils adaptaient la foi nouvelle aux milieux où ils la propagaient par des emprunts, de jour en jour plus larges, aux mythologies de Grèce et de Syrie et à la métaphysique de leur temps. De là sortit une religion mixte, compromis entre le passé et l'avenir, et qui conquit le monde, auquel elle fit beaucoup de bien et beaucoup de mal, beaucoup de bien parce qu'elle relevait le niveau moral de l'humanité, beaucoup de mal parce qu'elle arrêtait sa croissance intellectuelle, en rajeunissant l'esprit mythique et en fixant pour des siècles l'idéal métaphysique de l'Europe aux rêves de la décadence Alexandrine et aux dernières combinaisons de l'hellénisme tombé en enfance. L'histoire du Christianisme appartient à l'histoire juive jusqu'au moment où cet élément mythique et métaphysique triomphe, c'est-à-dire jusqu'au moment de la rupture définitive des deux Églises, jusqu'au jour, en un mot, où le Christianisme cesse d'être une hérésie juive pour devenir une branche nouvelle de la vieille mythologie aryo-sémitique.

L'histoire a donc ici double tâche : étudier le judaïsme dans le peuple juif et en dehors de lui. Chacune de ces tâches se complique à l'infini ; la seconde, difficile souvent à limiter, car la ligne qui sépare le fait exclusivement juif du fait exclusivement chrétien est flottante et variable, et ce sera à la science à la fixer sur chaque point de dogme et de culte ; la première, très nette et précise. Au premier plan, sur la scène, les vicissitudes sans nombre du drame politique, depuis l'exil jusqu'à la ruine de l'indépendance, la renaissance sous Cyrus et les Achéménides, la première expansion au dehors sous Alexandre, l'établissement à Alexandrie, en Égypte et dans les îles ; les luttes contre les Séleucides, le réveil national sous les Maccabées, les premières alliances et les premières luttes avec Rome, les folies de la guerre civile, Hérode et les Hérodiens, Jérusalem jetant le défi à Rome et brisant les forces de l'Empire, quatre ans durant, au pied de ses murs, la ruine de la cité sainte, le temple en flammes, et l'agonie dernière à Bittar. Par derrière le drame politique, le drame spirituel ; — les rencontres de l'esprit juif avec l'esprit étranger, de Chaldée, de Perse, de Grèce ; — ses emprunts aux religions des unes, ses incursions dans la philosophie de l'autre ; — la formation à l'intérieur du judaïsme d'une mythologie secondaire, étroitement subordonnée à un monothéisme strict qui domine tout, et dans laquelle se combinent en proportions variables les souvenirs de la vieille mythologie nationale, les emprunts anciens faits avant et pendant l'exil à celles de Syrie et de Babylone et les emprunts récents faits après l'exil à Babylone et à la Perse ; — l'initiation du Judaïsme à la philosophie grecque et ses réactions sur elle, la naissance de l'hellénisme juif et la Bible conciliée avec Platon ; — la division des sectes et des écoles, la religion aristocratique des Sadducéens, démocratique et progressive des Pharisiens, ascétique et de renoncement des Esséniens ; — le développement traditionnel de la loi fixé, les docteurs reprenant dans les discussions de l'Ecole l'œuvre de salut où ont échoué les pamphlets ardents des faiseurs d'Apocalypses et le poignard des intransigeants, et les descendants des messianistes et des zélotes édifiant enfin autour du Livre sacré, dernier sanctuaire à l'abri des torches romaines, cette triple enceinte inexpugnable, le Talmud. Au sixième siècle de notre ère est achevée cette immense encyclopédie, où sont consignées avec une impartialité absolue toutes les opinions exprimées, dans toutes les branches de la science et de la croyance, six siècles durant, dans les écoles de Palestine et de Babylonie, œuvre sans unité apparente, puisqu'elle reproduit le contraste infini des milliers d'esprits dont elle est la Somme, tour à tour et suivant la voix qui parle, d'une étroitesse étrange et d'une largeur sans égale, terne et éclatante, ouverte à la science et fermée, avec toutes les timidités de la pensée et toutes ses audaces ; mais le tout pénétré d'un souffle de foi et d'espoir qui met une unité dans ce chaos, la foi en un Dieu Un et l'espérance dans la justice à venir. L'observation superficielle n'a vu souvent dans ce livre que le radotage d'une casuistique raffinée, d'une superstition raisonnante et subtile : elle n'a pas aperçu le principe de vie qui était là, et qui a fait que la pensée juive a pu, grâce à lui, traverser, sans s'éteindre, la nuit intellectuelle du moyen âge : à savoir, la conscience profonde que le culte n'est point tout le Judaïsme, qu'il n'en est que le signe externe et passager, symbole matériel et conventionnel auquel se reconnaissent ceux qui ont reçu en dépôt la vérité, mais absolument distinct de cette vérité même qui est éternelle et universelle, qui est toute à tous et qui brûle de devenir un jour la propriété commune de tous les hommes. La pensée qui se dégage de ce livre, consacré presque tout entier à assurer la préservation du culte, c'est que le culte est transitoire, et que les pratiques juives cesseront quand les vérités juives seront partout reconnues[5]. C'est cette pensée féconde, explicitement exprimée par les docteurs du moyen âge, qui va assurer à la caste proscrite le privilège de la pensée, à l'heure où toute lumière s'éteint, et où, d'un bout de l'Europe à l'autre, l'Église fait régner l'ordre chrétien dans les intelligences pacifiées. La dispersion peut venir : l'unité morale est faite et la vie assurée.

Cette unité est si forte que l'œuvre qui la consacre d'une façon définitive et durable vient, non de Jérusalem, mais de l'étranger, des écoles de Babylonie[6]. C'est de là que le Talmud va se répandre chez tous les Juifs dispersés, et les prescriptions des Amoraïm de l'Euphrate vont devenir la loi de leurs frères des bords du Nil aux bords de l'Aude. Quelques-uns veulent se soustraire à ce joug, les Caraïtes, qui remontent à la Bible comme loi unique : faute d'avoir vu que le Judaïsme n'est pas une religion figée et immuable, mais progressive et toute de changement, leur révolte contre le joug du Judaïsme talmudique n'aboutit qu'à un long suicide : en voulant supprimer six siècles de vie dans leur passé, ils se condamnent à rompre avec l'avenir, à ne plus compter dans le mouvement des esprits, et le Caraïsme, malgré le talent de ses premiers fondateurs, après la première expansion due à son libéralisme apparent, n'a plus que végété dans la stérilité et l'impuissance.

Nous entrons ici dans la troisième période, celle de la dispersion, période qui, d'ailleurs, ne commence pas à une date ni à une heure fixe, car elle a commencé bien avant la fin de l'unité nationale, et les histoires juives s'ouvrent en maint lieu avant la fin de l'histoire juive ; elles s'ouvrent avant le christianisme même en Égypte, en Asie-Mineure, en Italie, à Rome, en Grèce, dans la Gaule méridionale, où les dissidents de la synagogue vont former le noyau des églises primitives. Dès une époque très reculée, des colonies sont descendues en Arabie, ont converti des tribus, fondé des états : leur propagande, née des échanges d'idées du commerce quotidien plus que d'un plan suivi, gagne de proche en proche et agit même sur ceux qu'elle ne convertit pas ; les Arabes idolâtres acceptent de leurs mains les traditions bibliques et rabbiniques, et refont leurs légendes généalogiques sur les récits de la Genèse. Plus tard vient s'ajouter la prédication des sectes judéo-chrétiennes, refoulées par l'orthodoxie naissante. Mahomet, à l'école des Juifs et des Judéo-chrétiens, fonde l'Islam, dont le dogme est le dogme juif, tombé dans une intelligence plus étroite, et dont la mythologie est essentiellement rabbinique et judéo-chrétienne.

Ainsi, à partir du septième siècle de notre ère, deux colonies du Judaïsme couvrent le domaine de la pensée humaine, colonies en lutte avec leur métropole, qui la maudissent, et qui la renient, non point seulement par le mépris dont elles la poursuivent, mais, chose plus grave et plus funeste pour elles, en déformant, chacune à sa façon, les principes qu'elles en ont reçus ; l'Occident chrétien en gardant de son passé l'esprit mythique, qu'il rend plus fatal qu'il ne fut au temps des dieux, parce qu'en le portant dans le dogme, il accule la science au silence ou au blasphème ; l'Orient arabe en faisant de son Dieu la volonté suprême, au lieu d'en faire la raison suprême, ce qui l'amènera bientôt à sacrifier gratuitement la science et la pensée, sans l'excuse de dogme du Christianisme. Pendant un siècle ou deux, l'élément de raison qui est dans le Coran triomphe et amène l'éclosion d'une civilisation brillante qui fait que l'esprit humain dans le moyen-âge ne subit pas une éclipse absolue. Les Juifs prennent part à ce mouvement à double titre, et par leur action personnelle, et en le faisant pénétrer parmi les Chrétiens. Éteint chez les Arabes, il amène en Europe la première Renaissance, celle de la fin de la Scolastique, qui préparera l'autre.

Littérature, philosophie, science se rajeunissent ou naissent. La littérature s'enrichit d'une veine nouvelle par la création de la poésie néo-hébraïque qui emprunte ses moules à la poésie arabe et qui en Espagne arrive à l'originalité. Les derniers Gaons des écoles d'où est jadis sorti le Talmud fondent la théologie rationnelle, et chassent le surnaturel de la religion, qui n'est plus que l'expression abrégée des vérités démontrables et reconnaît la raison pour le critérium suprême ; tandis que la Cabale ouvre au rêve ses grandes et belles avenues mystiques où errera souvent dans sa jeunesse la pensée de Spinoza. A la cour d'Almamoun, les Juifs, unis aux Nestoriens exilés, jettent dans le courant de la pensée arabe les débris de la philosophie grecque, qui de là reviendront en Europe. Enfin, sous la main de Juifs parlant arabe, la grammaire comparée naît dans le monde sémitique, huit siècles avant Bopp.

Seuls intermédiaires entre les Arabes et les Chrétiens, parce que seuls ils parlent la langue des uns et des autres et parce que le commerce ou la persécution les porte ou les jette sans cesse de pays en pays, ils sont trois siècles durant les rouliers de la pensée entre l'Orient et l'Occident. Le moyen-âge, emprisonné dans le dogme, ne pouvant avoir d'originalité que dans l'art et la politique, reçoit d'Orient sa science et sa philosophie, et c'est au Ghetto qu'il les cherche. Toute la philosophie arabe et une partie d'Aristote pénètrent dans la Scolastique par des traductions latines, faites par des Juifs, d'après des traductions hébraïques faites elles-mêmes sur l'original ou sur la traduction arabe.

La science, comme la philosophie, vient de là ; Roger Bacon étudie sous les rabbins ; la médecine est en leurs mains ; Richard d'Angleterre chasse les Juifs et, malade, appelle Maïmonide. Enfin toute une branche de la littérature sort du Ghetto : celle du conte et de la nouvelle : c'est de la main des traducteurs juifs que la France reçoit ces vieilles fables indiennes, nées au temps du Bouddha sur les bords du Gange, et qui vont avoir une si merveilleuse fortune aux bords de la Seine et de là dans toute l'Europe.

Par dessous ces actions visibles, une action sourde et invisible, inconsciente chez ceux qui l'exercent et ceux qui la subissent, et qui justifie après coup les haines de l'Église : c'est la polémique religieuse, qui ronge obscurément le Christianisme. La politique de l'Église à l'égard des Juifs eut toujours quelque chose d'incertain et de trouble qu'elle n'eut point devant les autres religions et devant les hérétiques. La haine du peuple contre le Juif est l'œuvre de l'Église, et c'est pourtant elle seule qui le protège contre les fureurs qu'elle a déchaînées. C'est qu'elle a à la fois besoin du Juif et peur de lui : besoin de lui, parce que c'est sur son livre que le Christianisme est édifié ; peur de lui, parce qu'étant le seul vraiment qui ait le secret du livre, il peut juger la foi de ses juges, et parfois, à un sourire, à un mot qui lui échappe, on voit qu'il la condamne et se fait fort, au fond de lui-même, d'en manifester les déceptions et l'erreur : c'est le démon qui a la clef du sanctuaire. De là le grand rêve du prêtre : non de brûler le Juif, mais de le convertir ; on ne le brûle, sauf accident, qu'en désespoir de cause. Convertir des milliers de Sarrasins ou d'idolâtres n'est rien, ne prouve rien : mais convertir un Juif, faire reconnaître la légitimité de la foi nouvelle par l'héritier de la foi préparatoire, voilà le vrai triomphe, la vraie preuve, le témoignage suprême et irrécusable : tant qu'il reste un membre de l'ancienne Église qui nie, l'Église nouvelle se sent mal à l'aise et troublée dans sa quiétude d'héritière. De là toutes ces controverses solennelles provoquées par l'Église, toujours terminées en apparence par sa victoire, — abjuration, expulsion ou bûcher, — mais dont elle sort ébranlée sans le savoir, car la réponse, humble et accablante, des accusés, trouve çà et là, parfois dans l'enceinte d'un couvent, une oreille qui la recueille, une âme inquiète où elle descend et travaille. C'est pis encore avec des laïques : saint Louis, effrayé, veut que le laïque ne discute avec le Juif qu'à coups d'épée[7]. Mais plus d'un, entré dans quelque maison sordide du Ghetto, où il va porter son gage ou chercher son horoscope, s'attardant sur le soir à causer des choses de mystère, sort de là troublé et bon pour le bûcher. Le Juif s'entend à dévoiler les points vulnérables de l'Église, et il a à son service, pour les découvrir, outre l'intelligence des livres saints, la sagacité redoutable de l'opprimé. Il est le docteur de l'incrédule ; tous les révoltés de l'esprit viennent à lui, dans l'ombre ou à ciel ouvert. Il est à l'œuvre dans l'immense atelier de blasphème du grand empereur Frédéric et des princes de Souabe ou d'Aragon : c'est lui qui forge tout cet arsenal meurtrier de raisonnement et d'ironie qu'il léguera aux sceptiques de la Renaissance, aux libertins du grand siècle, et tel sarcasme de Voltaire n'est que le dernier et retentissant écho d'un mot murmuré, six siècles auparavant, dans l'ombre du Ghetto, et plus tôt encore, au temps de Celse et d'Origène, au berceau même de la religion du Christ[8].

Par deux fois, l'Église effrayée s'aperçoit du péril, et, pour couper court, ne voit qu'un moyen, brûler les livres juifs : une première fois, sous saint Louis, elle réussit et du même coup étouffe les écoles juives de France et arrête l'éclosion de l'exégèse biblique qui venait d'y naître, cinq siècles avant Richard Simon ; la seconde fois, c'est au seuil du seizième siècle :

mais Reuchlin se lève et l'Europe derrière lui ; le grand souffle de la Renaissance étouffe la torche Dominicaine et la Réforme éclate. L'Espagne seule a échappé au péril, par la proscription en masse, et elle entre superbement dans son agonie.

La Réforme a pour les Juifs deux conséquences. D'une part, sans être émancipés, ils retrouvent une paix dont ils étaient déshabitués depuis des siècles : la furie d'extermination se tourne sur d'autres victimes, le fleuve de sang coule dans un autre lit. D'autre part, la Renaissance et la Réforme mettent l'étude de l'hébreu et de la science juive à l'ordre du jour. Les rabbins enseignent l'hébreu à l'Europe et à leurs convertisseurs catholiques ou protestants ; la Bible de Luther sort des commentaires de Raschi. La Cabale sort de ses mystères et s'empare des ardents qu'elle enivre de ses fumées, mais émancipe pour toutes les audaces, « car les Juifs seuls ont connu le nom véritable de Dieu[9]. » Une renaissance de l'esprit prophétique élève l'âme de l'Europe à une hauteur qu'elle n'avait point connue jusqu'alors ; l'Ancien Testament supplante le Nouveau chez les plus fermes et les plus purs ; il donne à la France Coligny, d'Aubigné, Duplessis-Mornay, et son admirable phalange de martyrs et de héros ; il donne à l'Angleterre les puritains et la République et y fonde la tradition démocratique : Cromwell, reconnaissant, rouvre aux Juifs les portes de l'Angleterre.

Vient enfin le grand siècle de la pensée libre : le voltairianisme, né avec Celse et les auteurs des Contre-Evangiles juifs, réfugié au moyen-âge dans l'enceinte du Ghetto, d'où il sort timidement parmi quelques moines ou quelques conteurs, triomphant par instant à quelque cour semi-païenne, marche de front avec la Réforme, serpente sous la religion officielle du grand règne et éclate enfin avec Voltaire et les philosophes. La Révolution française, exécutant les décrets des philosophes, donne aux Juifs droit de patrie pleine et entière en France, et à sa suite, dans tous les pays de civilisation, en Italie, en Angleterre, en Hollande, en Danemark, en Serbie, en Grèce, en Suisse, en Autriche.

La Révolution française ouvre au Judaïsme, dans tous les pays où elle pénètre, et en France, avant tout, une ère nouvelle, dans un double sens, matériel et moral.

D'une part, en brisant la barrière de séparation entre le Juif et le Chrétien, elle met un terme à l'histoire du peuple juif. A partir du 28 septembre 1791, il n'y a plus place à une histoire des Juifs en France ; il n'y a plus qu'une histoire du Judaïsme français, comme il y a une histoire du Calvinisme, ou du

Luthérianisme français, rien d'autre et rien de plus. La rapidité merveilleuse avec laquelle le Juif est devenu un membre de la grande patrie française, non seulement de droit et de nom, mais de fait, tient d'ailleurs à des causes plus anciennes et peut-être plus profondes encore que l'enthousiasme soudain de la justice chez les uns et de la reconnaissance chez les autres. La France, pour le Juif, n'est pas une patrie improvisée dans la fièvre d'une heure généreuse, c'est une patrie retrouvée. Là, en effet, la barrière élevée entre Juifs et Chrétiens fut artificielle, factice et tardive : la haine du peuple ne fut pas une vieille tradition populaire et les premiers siècles de notre histoire nous montrent les hommes des deux confessions vivant ensemble sur un pied d'égalité et dans des sentiments de mutuelle tolérance et de mutuelle estime qui révoltent les évêques du temps et contre lesquels ils se sentent longtemps impuissants[10]. C'est le triomphe de la féodalité qui, en ne laissant debout d'autorité respectée que celle de l'Église, livre les Juifs à une haine raisonnée et intéressée, qui, du haut de la chaire, s'infiltre lentement dans les masses : ainsi naissent et fermentent, dans le peuple ignorant et souffrant du moyen-âge, des sentiments obscurs de répulsion et de haine, qui se sentent sanctifiés par la religion, et sur lesquels les croisades viennent souffler la flamme : la grande épopée religieuse du moyen-âge s'ouvre par le massacre en masse des Déicides. A la religion qui sanctifie la haine vient s'ajouter une autre cause qui la légitime : le Juif, chassé tour à tour de la vie politique, de toutes les charges, de toutes les professions libérales, de la propriété immobilière, de tout ce qui attache, en traits visibles, au sol et à l'âme de la patrie, est refoulé dans le commerce et l'usure par les canons de l'Église et par la politique financière des rois qui sauront ainsi où mettre la main quand le Trésor est vide : dès lors, le peuple ne voit plus dans le Juif que l'homme d'affaires de son seigneur et de son roi, le symbole vivant et exécré de sa misère, et c'est ainsi que les deux grands opprimés du moyen-âge, le peuple et le Juif, sont mis face à face, l'un jeté en proie à l'autre. Et pourtant, aux heures les plus désespérées, dans ces Ghettos où le parquent la loi, le mépris et la haine, l'opprimé vit par la pensée de la vie de ses oppresseurs : il aspire à franchir le mur de sa prison, à venir respirer l'air de France : la langue maternelle de ce paria, ce n'est pas un patois hébreu, c'est le français de France, et la plus ancienne élégie française, la plus belle peut être qui ait été composée en notre langue, a été écrite dans un Ghetto, à la lueur d'un bûcher[11]. La Renaissance et la Réforme, en détournant ailleurs les haines, et en introduisant un esprit plus large, accélèrent la fusion morale ; le préjugé est affaibli déjà bien avant le XVIIIe siècle qui lui porte le dernier coup et la Révolution, par la voix de Mirabeau et de l'abbé Grégoire, n'a plus d'autres convictions à vaincre que celles de l'abbé Maury. L'émancipation même a ses précédents avant 89 ; des Juifs de Bordeaux et du Comtat sont citoyens dès 1776 : mais la Révolution française, en posant le principe général de l'égalité religieuse, en faisant passer les mœurs dans la loi d'une façon irrévocable et avec une hauteur et un éclat qui ont fait de l'exemple donné par elle la loi du monde civilisé, devient la date suprême et fatidique dans les fastes de la destinée juive.

Cette date, qui met fin à l'histoire matérielle du peuple juif, ouvre une ère nouvelle et étrange dans l'histoire de sa pensée. Pour la première fois, cette pensée se trouve en accord, et non plus en lutte, avec la conscience de l'humanité. Le Judaïsme qui, dès sa première heure, a toujours été en guerre avec la religion dominante, que ce fût celle de Baal, de Jupiter ou du Christ, est enfin arrivé en présence d'un état de pensée qu'il n'a pas à combattre, parce qu'il y reconnaît ses instincts et ses traditions. La Révolution n'est, en effet, que le retentissement dans le monde politique d'un mouvement bien plus vaste et plus profond, qui transforme la pensée tout entière et qui aboutit, dans l'ordre spéculatif, à la conception scientifique du monde substituée à la conception mythique, et dans l'ordre pratique, à la notion de justice et de progrès. Dans ce grand écroulement de la religion mythique dont le bruit emplit notre âge, le Judaïsme, tel que les siècles l'ont fait, est la religion qui a eu le moins à souffrir et le moins à craindre, parce que ses miracles et ses pratiques ne font pas partie intégrante et essentielle, et que par suite il ne croule pas avec eux. Il n'a pas mis le prodige à la base du dogme, ni installé le surnaturel en permanence dans le cours des choses. Ses miracles, dès le moyen-âge, ne sont plus qu'un détail poétique, récit légendaire, pittoresque de décor ; et sa cosmogonie, empruntée à la hâte à Babylone par le dernier rédacteur de la Bible, et les histoires de la pomme et du serpent, sur lesquelles tant de générations chrétiennes ont pâli, n'ont jamais bien inquiété l'imagination de ses docteurs ni pesé d'un poids bien lourd sur la pensée de ses philosophes. Ses pratiques n'ont jamais été « un moyen de croire », un expédient pour « abêtir » à la foi une pensée rebelle : ce n'est qu'une habitude chère, un signe de famille, de valeur passagère, et destiné à disparaître quand il n'y aura plus qu'une famille dans le monde converti à la vérité une. Supprimez tous ces miracles et toutes ces pratiques, derrière toutes ces suppressions et toutes ces ruines, subsistent les deux grands dogmes qui depuis les prophètes font le Judaïsme tout entier : Unité divine et Messianisme, c'est-à-dire unité de loi dans le monde et triomphe terrestre de la justice dans l'humanité. Ce sont les deux dogmes qui, à l'heure présente, éclairent l'humanité en marche, dans l'ordre de la science et dans l'ordre social, et qui s'appellent dans la langue moderne, l'un *unité des forces*, l'autre *croyance au progrès*.

C'est pour cela que le Judaïsme, seul de toutes les religions, n'a jamais été et ne peut jamais entrer en lutte ni avec la science ni avec le progrès social et qu'il a vu et voit sans crainte toutes leurs conquêtes. Ce ne sont pas des forces hostiles qu'il accepte ou subit par tolérance ou politique, pour sauver par un compromis les débris de sa force : ce sont de vieilles voix amies qu'il reconnaît et salue avec joie, car il les a, bien des siècles déjà, entendu retentir dans les axiomes de sa raison libre et dans le cri de son cœur souffrant. C'est pour cela que dans tous les pays qui se sont lancés dans la voie nouvelle, les Juifs ont pris leur part, et non médiocre, plus vite que ne le font des affranchis de la veille, à toutes les grandes œuvres de la civilisation, dans le triple champ de la science, de l'art et de l'action.

Est-ce à dire que le Judaïsme ait à nourrir des rêves d'ambition, et doive songer à réaliser un jour cette « Église invisible de l'avenir » que quelques-uns appellent de leurs vœux. Ce serait une illusion de sectaire ou d'illuminé. Ce qui est vrai seulement, c'est que l'esprit juif peut agir encore dans le monde pour la science suprême et le progrès sans fin, et que le rôle de la Bible n'est pas achevé. La Bible n'est pas responsable du demi-avortement du Christianisme, dû aux compromis de ses organisateurs trop pressés de vaincre et de convertir le paganisme en se convertissant à lui : mais tout ce qui dans le Christianisme vient en droite ligne du Judaïsme vit et vivra, et c'est le Judaïsme qui par lui a jeté dans le vieux monde polythéiste, pour y fermenter jusqu'au bout des siècles, le sentiment de la grande unité et une inquiétude de charité et de justice. Le règne de la Bible, et des Évangiles en tant qu'ils s'inspirent d'elle, ne pourra que s'affermir à mesure que les religions positives qui s'y rattachent perdront de leur empire. Les grandes religions survivent à leurs autels et à leurs prêtres : l'hellénisme aboli a moins d'incrédules aujourd'hui qu'aux jours de Socrate et d'Anaxagore ; les dieux d'Homère se mouraient quand Phidias les taillait dans le Paros : c'est à présent qu'ils trônent vraiment dans l'immortalité, dans la pensée et le cœur de l'Europe. La croix a beau tomber en poussière : il est quelques paroles, prononcées à son ombre en Galilée, dont l'écho vibrera à toute éternité dans la conscience humaine. Et quand le peuple qui a fait la Bible s'évanouirait, race et culte, sans laisser de trace visible de son passage sur la terre, son empreinte serait au plus profond du cœur des générations qui n'en sauront rien, peut-être, mais qui vivront de ce qu'il a mis en elles. L'humanité, telle que la rêvent ceux qui voudraient qu'on les appelât des libres-penseurs, pourra renier des lèvres la Bible et son œuvre : elle ne pourra la renier de cœur sans arracher d'elle-même ce qu'elle a de meilleur en elle, la foi en l'unité et l'espérance en la justice, sans reculer dans la mythologie et le droit de la force de trente siècles en arrière.

1828

---

1. Jusqu'au moment où Babylone entre en scène.
2. Les prophètes dont il ne reste que le nom.
3. Isaïe, 1.
4. Ezéchiel, xviii ; Jérémie, xxxi.
5. Avant même cette époque, le Juif peut, en temps de persécution ou en cas de danger, se considérer comme dégagé de toutes les

prescriptions de la loi, sauf de trois, celles qui défendent l'idolâtrie, l'impureté et l'homicide (Maïmonide).

6. Le Talmud de Jérusalem ne s'est pas répandu et compte pour peu dans le développement du moyen âge.

7. « (Grande folie avait-il fait) d'assembler telle desputoison ; car avant que la desputoisons fust menée à fin, avoit-il ceans grant foison de bons crestiens, qui s'en fussent parti tuit mescreant, par ce que il n'eussent mie bien entendu les Juis. Aussi vous di-je, fist li roys, que nulz, se il n'est très bon clers, ne doit desputer à aus ; mais li hom lays, quant il ot mesdire de la loy crestienne, ne doit pas défendre la loy crestienne, ne mais de l'espée, de quoy il doit donner parmi le ventre dedens, tant comme elle y peut entrer » (Joinville, 53).

8. Dans les Contre-Évangiles du premier siècle.

9. Reuchlin.

10. Agobard.

11. Élégies du Vatican sur l'auto-da-fé de Troyes.

RACE ET TRADITION

I

Les sciences historiques, dans ce siècle, ont vécu sur une idée, celle de race. Quand on ne vit que d'une idée, à la fin on en meurt. Cette idée de race, après avoir renouvelé, ou pour mieux dire, créé l'histoire moderne, avait depuis longtemps déjà commencé à la stériliser et à la fausser : elle a fait son temps et doit faire place à une idée nouvelle, celle de tradition.

C'est dans le premier quart du siècle que l'idée de race s'est constituée et formulée. La découverte du sanscrit et la création de la grammaire comparée avaient fait reconnaître l'existence d'une famille de langues bien caractérisée, la famille aryenne ou indo-européenne, dont les divers membres, — sanscrit, perse, grec, latin, slave, germanique et celtique, —

essentiellement identiques dans leurs éléments maté-
riels, dans leurs formes et dans leur structure générale, ne sont visiblement qu'une seule et môme
langue, lentement et diversement modifiée, selon les
lieux où elle a été portée et le temps qui a passé sur
elle. D'autre part, on savait depuis longtemps que
l'hébreu formait avec l'arabe, l'éthiopien, le syriaque
et le phénicien, une famille non moins nettement
caractérisée, la famille dite sémitique. Cette famille,
dont le cercle, agrandi par les découvertes plus
récentes, a reçu depuis dans son sein l'assyrien et l'hi-
myarite, est absolument distincte de la famille indo-
européenne, c'est-à-dire que, sans parler du système
des sons qui n'est point le même, les racines et le
vocabulaire sont autres, la formation des mots suit des
lois autres et la marche de la phrase suit un mouvement différent. Ces deux familles, dans une époque
préhistorique, ont- elles pu sortir à leur tour d'un seul
et même type? La question est posée depuis un demi-
siècle et ouverte à l'hypothèse plus qu'à la méthode :
historiquement, et telles qu'elles nous apparaissent en
fait, malgré quelques vagues indices qui semblent
indiquer une parenté primitive, elles sont étrangères
l'une à l'autre.

Les religions des peuples qui parlaient ces langues
offraient, à vue d'œil, les mêmes rapports et les

mêmes différences; moins accentués, il est vrai — peut-être à raison de notre connaissance moins parfaite de ces religions et du caractère plus fugitif et moins saisissable des phénomènes en question. Un mot écrit ou parlé est une chose précise et palpable, sur laquelle on peut raisonner et sur laquelle on peut s appuyer : une idée religieuse beaucoup moins; ce n'est un fait que dans la conscience, souvent trouble et obscure, où elle se produit et à qui le plus souvent elle échappe. Nous avons peine à suivre la pensée de notre contemporain, de notre voisin de tous les jours, qui parle notre langue et vit, sous nos yeux, dans la même atmosphère matérielle et morale; comment nous flatter de retrouver, à trente siècles de distance, la pensée de peuples si différents de nous, quand nous n'avons pour la réveiller que des débris de monuments muets, ou l'écho incertain de vieux textes mal déchiffrés, sur lesquels les savants sont en querelle? Cependant, malgré le vague général des spéculations sur les religions anciennes, il paraît bien, à première vue, que les religions dites aryennes forment un groupe et les religions dites sémitiques un autre. Partout, dans les premières, on retrouve sous des noms différents, parfois sous le même nom dans plusieurs d'entre elles, un dieu du ciel, des déesses des eaux; partout un polythéisme exubérant, toutes les forces de la nature divinisées, une riche mythologie dualiste de lieux d'orage luttant contre les démons : des divinités des forêts, des rivières, des montagnes, Nymphes, Dryades, Apsaras, Péris, Elfes, Nixen, tout un peuple de génies gracieux ou redoutables, planant sur la vie de toutes les heures. De l'autre côté, chez les peuples de langue sémitique, partout, semblait-il, une unité sévère; partout un Baal, un Moloch ou un Jéhovah, écrasant la nature du flamboiement de sa splendeur solitaire.

Sur ces contrastes frappants on édifia la théorie des races. La langue et la religion aryennes sont l'expression d'une race, la race aryenne; la langue et la religion sémitiques sont l'expression d'une race, la race sémitique ; expressions différentes et inconciliables, parce quelles sont fonctions de deux forces distinctes et irréductibles.

Les groupes aryen et sémite étaient les seuls qu'on eût étudiés d'assez près. Ce ne sont pas les seules familles de langues et de religions que la terre présente; mais les indications que fournissait un examen superficiel de ces autres familles ne pouvait que confirmer les inductions fournies par l'étude plus complète des deux premières. Il y a, par exemple, une famille de langue chinoise absolument indépendante de ces deux familles; or, ethnologiquement, il éclate au premier coup d'œil que le type physique du Chinois est absolument différent du type aryen ou du type sémite.

Cette théorie des races fit faire de puissants progrès à la science; car, en voulant la poursuivre dans ses ramifications dernières, on fut amené à dépouiller les faits dans tous leurs détails. Mais, comme il arrive souvent, avec leur ingratitude ordinaire envers l'esprit de l'homme, les faits, évoqués par la théorie, se retournèrent contre elle. Tout d'abord on s'avisa, et ce fut presque une idée de génie, qu'un homme est parfaitement capable d'apprendre une langue qui n'était point celle de son père : un Anglais, né à Paris, parlera aussi bien qu'un Parisien de dix générations l'argot des boulevards : les fils des colons allemands du Far West n'écorchent guère l'anglais plus qu'un Yankee, fils des Pilgrim Fathers. Les langues disparaissent sans les peuples qui les parlaient, ce qui prouve qu'ils en ont appris d'autres ; les Gaulois de Jules César, au bout de quelques générations, fournissaient d'avocats le barreau de Rome; c'est en anglais que non seulement M. Parnell — un Anglais de sang, — mais les plus purs des purs d'Erin, les O'Brien, les Mac Carthy, les O'Donnel, les O'Donoghue revendiquent les droits héréditaires de la race celtique : cent cinquante mille Irlandais à peine parlent irlandais. Les Allemands magyarisés parlent et écrivent leur langue d'adoption aussi purement que les Tartares purs. Les peuples de langue aryenne ne sont donc pas nécessairement des Aryens ; ils ont pu apprendre leur langue de conquérants aryens et oublier la leur.

L'histoire des antiquités celtiques prouve que l'élément celtique était superficiel, une simple aristocratie dominante, au-dessous de laquelle s'étendait la couche ancienne non celtique, vaincue et réduite en esclavage par les conquérants[1]. Sans l'histoire, des Celtes de la France du Nord, des Ibères de la France du Sud et de l'Espagne, des Gètes et des tribus innomées du Bas-Danube, nous ferions des Latins, des Romains de sang - , des fils des Quintes. Ce qui s'est fait dans les temps historiques, de Rome à la Gaule, à l'Espagne, à la Roumanie, a pu et a dû se faire, là et ailleurs, dans les époques non historiques.

Peuples aryens n'est donc qu'une expression commode qui signifie peuples de langue aryenne ; de même *peuples sémites* signifie simplement *peuples de langue sémitique*. Pour rendre ceci sensible par des exemples, peuples aryens signifie : peuples dans la langue desquels, dans les périodes anciennes, toutes les racines étaient monosyllabiques, chez qui « père » se disait *patar* (zend, *patar* ; grec et latin, *pater* ; sanscrit, *pitar* ; germanique, *fadar* ; celtique, *pathar)* ; où « dieu » se disait deva, où le génitif marquait le nom du possédant, où le régime précédait le verbe. Peuples sémites signifie : peuples dans la langue desquels les racines étaient dissyllabiques, chez qui « père » se disait *abou,* où « dieu » se disait *El,* où le génitif marquait le nom du possédé, où le régime suivait le verbe.

Mais un homme peut dire *patar* pour « père » et descendre d'ancêtres qui ont dit *abou.* La langue et la race sont des expressions qui se couvrent à l'origine, mais à l'origine seulement; supposez deux couples de ces anthropoïdes, si à la mode à présent, produisant deux humanités dans deux îles séparées par des océans, chacune de ces humanités se faisant sa langue, et l'une et l'autre langue se diversifiant avec le temps, à mesure que le groupe qui la parle s'étend, se multiplie et se divise : tant que nulle rencontre n'aura lieu entre des membres appartenant aux deux groupes différents, la différence de langue répondra exactement à une différence de race : mais dès que les deux groupes se rencontrent, dès qu'ils se mêlent à des degrés ou d'une façon quelconque, soit par conquête, soit par alliance, race et langue cessent d'être parallèles. Une des deux langues peut périr, sans qu'il y ait eu le moindre mélange de race, la moindre altération des deux types primitifs : le cri de l'un des deux anthropoïdes peut, après des siècles, faire taire le cri de son rival, sans qu'une goutte de sang se soit égarée des veines de l'un dans celles de l'autre. Inversement, les deux races peuvent se mêler et se confondre, et les types primitifs s'éteindre en un troisième et nouveau type, tandis que les deux langues continuent leurs destinées indépendantes. Dans les périodes historiques, la parole qui court sur la lèvre ne sait plus dire le sang qui coule dans les veines.

D'autre part, en religion, ces expressions d'aryens et de sémites tendent à perdre même le sens conventionnel qu'on peut encore leur laisser en linguistique. Depuis que la création de l'épigraphie sémitique et la découverte de Babylone et de Ninive nous ont introduits dans l'intimité des dieux sémites, on a été étonné de voir combien ils diffèrent peu au fond de leurs vis-à-vis aryens. L'esprit monothéiste que l'on croyait au fond de l'esprit sémitique n'appartient en somme qu'aux Juifs et aux Arabes de la seconde période, c'est-à-dire aux Juifs monothéisés par les Prophètes et aux Arabes seini-judaïsés et semi-christianisés par Mahomet. Dans les époques anciennes, les religions de langue sémitique montrent le même polythéisme que les religions de langue aryenne, le même chaos poétique. Bien plus, à mesure que l'on entre mieux dans l'histoire des religions de la Grèce, l'empreinte sémitique y paraît de jour en jour plus profonde. Dans ces temps-là, on ne se convertissait pas d'une religion à l'autre, parce que la religion ne consistait pas en dogmes universels et absolus, mais en détails, en pratiques, en histoires; les religions étaient nationales et locales, non universelles. Mais, sans abdiquer sa religion, on empruntait indéfiniment aux autres ; on ajoutait une religion à la sienne; on adorait les dieux étrangers, parce qu'il est toujours bon d'avoir des amis dans tous les camps; le croyant avait toujours dans son cœur une large place ouverte aux dieux inconnus; le dieux jaloux n'était pas encore.

Les Grecs, en peuple artiste et curieux, empruntaient en masse de tous côtés. Adonis vint de Syrie se faire pleurer des dames d'Athènes ; plus tard, Cybèle et Attys vinrent de Phrygie faire retentir le tambourin ; Sérapis vint d'Égypte consulter et guérir. Cela dans des périodes récentes; plus anciennement, les Phéniciens, ces grands rouliers du monde antique, exportèrent dans le Panthéon grec une foule de dieux, de déesses et de mythes, qui bientôt perdirent la marque de leur origine. Sans suivre jusqu'au bout les sémitisants à outrance, tels que Ernest Curtius, qui ne tarderaient pas à faire de toute la mythologie grecque un chapitre de la mythologie phénicienne, il est difficile, malgré des dangers de méthode que ces nouvelles vues font déjà éclater, de fermer les yeux devant l'évidence de jour en jour croissante. Certes, la Grèce n'avait pas attendu les Phéniciens pour avoir une déesse d'amour; mais il n'en est pas moins certain que c'est dans le sillage d'une barque phénicienne que sortit de l'écume l'Anadyomène de Cythère. Héraklès est un dieu aryen de nom et d'origine, qui reconnaît aisément ses frères dans les Védas; il n'en a pas moins, dans sa longue histoire et ses longues pérégrinations, revêtu plus d'une fois le vêtement d'un dieu tyrien, et ce n'est point la main des Devas ou des Vritras indiens luttant dans la nuée d'orage, c'est la main du Sidonien Melkarth, du soleil mourant au bout de sa course annuelle pour renaître plus vivant, qui a allumé la flamme de son bûcher d'apothéose.

Ainsi vont s'amincissant de jour en jour les barrières des deux Panthéons, et il paraît dès l'instant, que les différences qui les séparent ne sont point de celles qui supposent à la base deux forces essentiellement différentes. Il n'y a pas différence de fond, mais de forme seulement. A vue présente, la caractéristique des deux familles semble être, dans la mythologie aryenne, la prédominance des mythes d'orage, dans la mythologie sémitique la prédominance des mythes de saison. L'une et l'autre se sont développées autour de la lutte du bien et du mal, sous une forme sensible; mais l'une a pris pour point de départ et pour mise en scène la lutte des dieux et des démons se disputant les eaux et la lumière dans l'orage; l'autre, la lutte du printemps et de l'hiver, de la vie et de la mort dans la nature. L'une s'est développée autour d'un incident plus dramatique et prêtant au coup de théâtre poétique; l'autre, autour d'une loi régulière et d'une lutte plus lente et plus solennelle. Mais chacune des deux a gardé des traces des préoccupations favorites de l'autre; aryenne, des mythes de saison; sémitique, des mythes d'orage. Rien là qui révèle à l'origine des formes de pensée irréductibles, rien de ce que l'on entend généralement par l'instinct fatal de la race. Ainsi des deux ordres de faits sur lesquels on a établi l'existence de deux races, aryenne et sémitique, ni l'un ni l'autre ne justifie l'hypothèse qu'ils ont provoquée. Les faits du second ordre, l'ordre religieux, sont insuffisants pour établir deux séries de ce genre et n'ont point de signification ethnographique : ils ont pu en avoir une dans une époque qui échappe à l'histoire; dans la période historique ils n'en ont plus. L'humanité vient de si loin, et l'histoire, en essayant de la remonter, s'arrête si vite que, dans aucune civilisation — dans les civilisations aryo-sémites moins que dans toute autre, — elle n'atteint l'œuvre de la race; elle n'atteint que les résultantes d'action de dix races superposées et fondues et qui ont assez appris les unes des autres et assez oublié pour donner l'apparence d'une unité de pensée irréductible. Là où nous voyons la pensée de la race, il n'y a qu'une *tradition* transmise et modifiée de race en race.

———————————

1. Voir les beaux travaux de M. d'Arbois de Jubainville.

II

M. Ernest Renan, dans une conférence restée célèbre[1], a mis en lumière cette opposition de la tradition à la race, mieux que par des arguments, par un exemple ; et un exemple d'autant plus concluant que c'est celui même que l'on met d'ordinaire en avant comme exemple typique du triomphe de la race : l'exemple du judaïsme. Voici la thèse soutenue, ou, pour mieux dire, les faits exposés par l'illustre orientaliste.

On considère généralement le judaïsme comme un fait de race; on dit la race juive, comme on dit la religion juive. On s'imagine qu'un Juif de 1891 descend d'un Juif du temps de David; que toute généalogie d'une famille juive, si on pouvait la suivre assez haut et assez loin, quel que soit le point d'arrivée présent,

— Paris, Londres, Vienne, Varsovie, — après nous avoir promené dans le monde, nous conduirait comme point de départ à quelque village de la Palestine. La religion et la race se sont maintenues l'une avec l'autre et l'une par l'autre, si bien qu'aujourd'hui encore le judaïsme se reconnaît au type physique et se lit sur le visage. Telle est la théorie populaire.

L'histoire prouve qu'il n'en est pas ainsi. Sous l'unité religieuse réelle de ce qu'on appelle la race juive se cache une diversité de races infinie. Il est bien vrai qu'il y a un moment où la race a été fixée d'une façon définitive par la persécution, l'emprisonnement dans le Ghetto, la claustration du reste du monde. Mais jusqu'à ce moment le sang de la société juive s'est incessamment renouvelé, et cela durant des siècles. M. Renan prend cette société, non aux origines historiques, mais au moment où le judaïsme, au sens historique du mot, s'est constitué, c'est-à-dire au moment où, de religion nationale, il devient religion universelle, au temps d'Isaïe et des Prophètes. En remontant au delà de cette époque, il ne serait pas difficile de montrer que bien des éléments étrangers au sang de la tribu primitive des Beni-Israël s'y étaient déjà mêlés : au sortir de l'Egypte, ils entraînaient avec eux « une multitude mêlée », et en Palestine, ils trouvaient établie toute une population nombreuse dont une partie seulement fut exterminée dans la conquête. Dans ce double mélange, dont le premier au moins dut être très intime, le sang primitif dut se transformer et se renouveler. Néanmoins, comme pendant des siècles après la conquête de la Palestine la religion des Juifs est purement nationale et locale, ainsi que le sont toutes les religions de l'époque, — c'est-à-dire qu'ils adorent un Dieu qui n'est qu'à eux, mais qui n'est pas le Dieu unique, — la religion n'a pas lieu de sortir des frontières du pays juif, ni de se répandre parmi les races étrangères. La scène change avec les Prophètes; ils viennent, vers le VIIIè siècle avant l'ère chrétienne, proclamer une doctrine nouvelle, un Dieu unique dans le monde et une loi de justice pour tous les hommes. Ils créent la religion universelle, c'est-à-dire une religion sans analogue jusqu'alors et dont les dogmes et les ordres pouvaient et devaient trouver un écho dans tout cœur humain, quel que soit le sang qui y bat. Le dédain du sacrifice et du culte, formes vaines et simulacres sans vie; la communion directe de l'homme avec Dieu dans la raison et le droit; la communion de l'homme avec l'homme dans la justice et la charité; un idéal resplendissant de félicité terrestre promis à l'humanité entière au bout de sa route sous l'étoile de la loi nouvelle; toutes ces nouveautés étranges, neuves

encore aujourd'hui en dépit de toute notre philosophie, éclataient dans la parole fulgurante des
Prophètes pour la première fois dans le monde. La
religion, dès ce jour, sortit de la race; dès ce jour aussi
commence un ordre de phénomènes qui n'avait pu
encore se produire : les phénomènes de conversion.

Au retour de l'exil de Babylone, de nombreux
éléments étrangers se mêlent au vieux fonds juif :
éléments babyloniens venus de Chaldée avec les
exilés, éléments palestiniens non juifs qui se
confondent avec lui. Mais c'est à l'époque gréco-
romaine que la greffe du judaïsme se fait sur une
vaste échelle. On sait, par des textes positifs, qu'une
grande partie de la population grecque d'Antioche
était convertie au judaïsme; la colonie juive d'Alexandrie, une des plus considérables du temps, était essentiellement de sang hellène; à Rome, le mouvement de
conversion éveille l'attention des hommes politiques,
qui renoncent à l'arrêter et en laissent le soin aux sati-
ristes. Le judaïsme essayait ce que fit le christianisme.
« Il en résulte qu'à partir de cette époque, dit M.
Renan, le mot judaïsme n'a plus une grande signification ethnographique. Conformément à la prédiction
des Prophètes, le judaïsme était devenu quelque chose
d'universel. Tout le monde y entrait. »

Le triomphe du christianisme et la réaction talmudique qui suit arrêtent ce mouvement, mais sans le supprimer. Il continue avec force en Orient et dans l'Europe occidentale dans la première partie du moyen âge ; la fondation de l'Islam avait été précédée, et en partie préparée, par la conversion au judaïsme d'une partie de l'Arabie; il y eut un royaume juif d'Abyssinie dont les débris subsistent encore dans les Falachas de nos jours; en Russie, au VIIIe siècle de notre ère, tout un peuple tartare, les Khozars, embrasse le judaïsme à la suite de son roi. Plus près de nous, sur notre sol même, au Ve siècle, Grégoire de Tours, combattant les Juifs, ne voit en eux que des hérétiques, non des étrangers; les Juifs de Gaule ne sont pour lui que des Gaulois professant le judaïsme. De tout cela suit « qu'il y a dans l'ensemble la population juive, telle qu'elle existe de nos jours, un apport considérable de sang étranger, et que dans cette race, que l'on considère comme l'idéal de l'*ethnos* pur, se conservant à travers les siècles par l'interdiction des mariages mixtes, le sang étranger a pénétré dans une grande proportion, un peu comme cela a eu lieu pour toutes les autres races ». La permanence du type juif ou, pour être plus exact, des types juifs — car il y en a plusieurs — est un fait secondaire, non primitif : étant donné une masse humaine composée au hasard, isolée subitement du reste du monde et se reproduisant sur elle-même, au bout d'un certain temps « les types sont réduits, massés en quelque sorte, concentrés en un certain nombre de types vainqueur des autres, qui auront persisté et qui se seront constitués d'une façon irréductible ». C'est le Ghetto qui a dégagé et immobilisé les types juifs; comme c'est le Ghetto également qui a produit cette unité d'habitude et de mœurs où l'on a voulu reconnaître un effet de race, et qui se produit en réalité dans toute minorité parquée, concentrée et rejetée sur elle-même : « Il y a une psychologie des minorités religieuses, indépendante de la race. »

Les conséquences de la thèse de M. Renan sont multiples et de tout ordre, les unes particulières et d'un intérêt d'actualité[2] ; les autres d'une portée générale et universelle, déjà indiquées précédemment par M. Renan dans son admirable conférence sur la formation de la nationalité française. De l'autre côté du Rhin, cette croisade étrange de l'antisémitisme, qui a dernièrement étonné l'Europe comme un réveil de moyen âge, a essayé de se justifier par l'histoire : des haines politiques et des rivalités commerciales, coalisées avec des regrets d'inquisiteurs, se sont drapées de formules scientifiques, et des querelles de boutiquiers sont devenues un épisode du prétendu choc éternel de deux races, de deux mondes, du monde aryen et du monde sémite. Le duel du prédication de cour Stœcker et du député Lasker[3], ce serait le vieux duel de Scipion et d'Annibal, d'Adrien et de Bar Kochebas, des croisés et de Saladin; l'Allemagne est le porte-drapeau de la race aryenne devant les usurpations de la race sémitique qui se relève de son écrasement.

L'esprit historique est une belle chose : mais il est plus facile d'abuser du mot que d'user de la chose. Il faut une étrange ignorance des choses et une singulière docilité aux mots pour faire du Juif le type du Sémite. Le judaïsme est né dans un milieu sémitique, mais il est la réaction la plus absolue qu'il soit possible d'imaginer contre la religion, les mœurs, les traditions qui régnaient dans ce milieu : c'est la protestation vivante de l'homme de l'humanité contre l'homme de la tribu. Ici se révèle le danger social contenu dans ce mot de race, quand il est ramassé des mains de la science par les demi-conscients de la politique et jeté de là dans les masses. Par lui toute lutte prend un caractère de haine intime et inexpiable, parce que les combattants se persuadent qu'il y a entre eux, non une hostilité d'un instant et d'accident, mais irrémédiable et fatale. La guerre est entre eux inévitable et éternelle, si la cause est toujours présente et plonge de tout leur passé dans tout leur avenir. Ce sont deux organismes, deux instincts, deux âmes inconciliables qui sont aux prises : ce ne sont plus deux hommes, mais deux vertébrés d'ordre différent. L'extermination rapide ou lente peut seule mettre un terme à la lutte. Ainsi, pendant la guerre de Sécession les savants du Sud publiaient des Manuels d'anthropologie où le singe occupait la place intermédiaire entre le noir et l'homme.

Ce qu'il y a de plus étrange, c'est que dans la logomachie sanglante du siècle, la science, en subdivisant les races et les instincts de race, subdivise aussi les haines et les fatalités de guerre et de destruction. L'Allemand conduit les Aryens à l'assaut du monde sémitique ; mais les Aryens se subdivisent en races secondaires qui doivent à leur tour se haïr, se combattre et s'exterminer, de par l'hostilité secondaire de leurs instincts : race germanique contre la race slave; race germanique contre la race latine. L'humanité n'est plus qu'un réseau sinistrement régulier de haines et de sous-haines, tressé par la hiérarchie des races et dévidé par la science et la guerre.

Si la forme de la pensée humaine, dans les époques historiques, était en effet une fonction irréductible de la race première, l'état de guerre permanente, sans autre terme que l'extermination, serait le lot inévitable de l'humanité. Il n'en est pas ainsi, heureusement, et au milieu des causes infinies de lutte qui s'agitent entre les peuples civilisés — lutte pour les débouchés et les subsistances, froissements d'orgueil, querelles métaphysiques — les vagues et obscures antipathies de race n'occupent plus qu'une place infime; et ce que l'on prend pour telles n'est que le choc de traditions qui se heurtent.

Or le choc de traditions, si anciennes et si enracinées qu'elles soient, ne peut produire un état de guerre sans cesse renaissant, parce que deux traditions opposées, mises en contact, finissent toujours par s'adapter l'une à l'autre, si elles sont également fortes et saines, ou bien l'une se convertit à l'autre. La loi de l'équilibre de température règne dans le monde moral, autant que dans le monde physique. La lutte des races ne peut se dénouer que sur le champ de bataille et par l'extermination; la lutte des traditions, portée quelquefois sur le champ de bataille, ne peut se dénouer définitivement que dans les profondeurs de la pensée et de la conscience. L'extinction d'une tradition n'entraîne point l'extinction de la race qui la portait, mais son renouvellement moral, et en général le rajeunissement de ses forces et de ses destinées.

Il n'est point juste d'apprécier une théorie scientifique d'après le bien ou le mal qu'elle fait dans le monde. La vérité, maniée par des inconscients ou des habiles, peut être aussi meurtrière que l'erreur. Cependant, en histoire, quand une théorie qui n'a pas été inventée avec des arrière-pensées d'édification ou de bienfaisance, mais est le produit naturel et spontané de la recherche désintéressée, se trouve lever le doigt dans la voie du progrès, il y a grande chance pour qu'elle soit la vérité même. Le mouvement de l'humanité présente n'est que la résultante d'impulsions accumulées, des mouvements condensés de siècles d'histoire et de préhistoire, et la fusion des races dans l'unité de tradition a dû être l'instinct du passé, puisqu'elle est la conscience de l'avenir.

A ce signe, les paroles prononcées au cercle Saint-Simon sont vraies de la vérité suprême. Quelques-unes d'entre elles pourraient être la délivrance pour des millions d'opprimés, et du même coup le commencement du relèvement pour leurs oppresseurs. Dans le mouvement antisémitique de Russie, c'est l'idée vague d'une opposition de race qui a ensauvagé les antipathies nées de causes purement économiques, politiques et sociales. Or, la masse des Juifs de Russie appartient à un fonds russe (slave et tartare); la Russie a affaire là, non pas à une race, mais à une tradition, qu'elle peut neutraliser dans ce qu'elle a de dangereux en supprimant les causes artificielles qui ont créé ce danger (l'isolement, le parcage, la mise hors du droit commun), et qu'elle fera bien de s'assimiler en ce qu'elle a de bienfaisant et de puissant. Que cette notion nouvelle entre dans sa pensée et une de ses plaies et de ses hontes sera à la veille de s'effacer.

Dans la constitution des nations modernes la race est de même l'élément secondaire et inférieur. On se rappelle avec quelle éloquence M. Renan a montré la France formant l'indissoluble alliage de sa nationalité par la fusion de dix éléments hétérogènes, fondus dans la flamme de l'âme, sous le vent de l'histoire en marche. Une nationalité est d'autant plus accusée que plus d'éléments s'y sont mêlés, chacun apportant au creuset la qualité de son métal, l'un sa résistance, l'autre son éclat :

> *Très ignis torti radios, très alitis austri*
> *Miscebant operi, flammisque*
> *sequacibus iras.*

Parmi les autres nationalités européennes, une des plus fortes, c'est-à-dire une de celles qui présentent avec la plus grande variété d'aptitudes la cohésion la plus parfaite est bien celle du peuple anglais. Or, voici ce qu'écrivait il y a deux siècles l'auteur de Robinson Crusoe, répondant aux attaques des Anglais pur sang contre l'invasion de l'élément hollandais, venu à la suite de Guillaume d'Orange : « Ces héros qui méprisent les Hollandais et raillent tous ces étrangers nouveaux venus, oublient qu'eux-mèmes sont descendus de la pire race de drôles qui aient jamais vécu : un horrible ramassis de bandits errants et de propres à rien, saccageant les royaumes et dépeuplant les villes ; le Picte, le Breton tatoué, le Scot traître , amenés ici par la faim, le vol et la rapine; des pirates norvégiens, des Danois flibustiers, dont la progéniture aux cheveux rouges reste partout et qui, joints aux Français de Normandie, composent la race d'où viennent vos Anglais pur sang[4] ». Compliments de satiriste à part, reste un fonds de vérité historique qui explique la grandeur meme de l'Angleterre. Une race ne manifeste son génie propre, dans tout son éclat et dans toute sa santé, que quand elle y mêle un rayon d'un génie étranger. Le malheur de l'Allemagne — ce qui fait sa force apparente pour un instant et fera sa faiblesse durable dans l'avenir — c'est' que l'élément de race y est mieux conservé que partout ailleurs : de là étroitesse d'esprit, manque de mesure dans l'intelli-gence, de justice dans le cœur. Elle n'a pas eu dans son sein la lutte féconde des forces contraires qui limitent leurs excès en complétant leurs énergies, et qui en faisant reconnaître l'une de l'autre leur droit mutuel, élargissent l'étroitesse native de l'homme jusqu'à en faire quelque chose qui a l'étendue et la variété de la nature même; elle est restée et reste une chose étrangement puissante et péniblement incomplète.

1883

---

1. *Le Judaïsme comme race et comme religion*, conférence faite au cercle Saint-Simon, en janvier 1883, Paris, Calmann Lévy.
2. Elles le sont encore, puisque l'antisémitisme est triomphant dans tout l'Orient de l'Europe. (1891).
3. Écrit en 1883.
4. *The Irue-born Englishman* (Poème), 1883.

Copyright © 2020 par FV Éditions
ISBN Ebook : 979-10-299-0972-6
ISBN Couverture Souple : 9798677613180
ISBN Couverture Rigide : 979-10-299-0973-3
Tous Droits Réservés

Également Disponible

L'ANTISÉMITISME, SON HISTOIRE
ET SES CAUSES

www.ingramcontent.com/pod-product-compliance
Lightning Source LLC
Chambersburg PA
CBHW020836150726
48196CB00002B/87